A Kalmus Classic Edition

Johann Wenzel

KALLIWODA

THREE EASY DUOS

Opus 180

FOR TWO VIOLINS

K 09829

TROIS DUOS.

VIOLINO SECONDO.

I.W. Kalliwoda, Op. 180.

VIOLINO SECONDO.

VIOLINO SECONDO.

Allegro con fuoco.
2.
A
dim.
B
f
p

VIOLINO SECONDO.

A Kalmus Classic Edition

Johann Wenzel

KALLIWODA

THREE EASY DUOS

Opus 180

FOR TWO VIOLINS

K 09829

TROIS DUOS.
VIOLINO PRIMO.
I.W. Kalliwoda, Op. 180.
Allegro.
1.
A
B
C

VIOLINO PRIMO.
3
Larghetto.

VIOLINO PRIMO.
Allegro non tanto.
mf
sempre staccato
A
p
B
p
f
p
f
C
p
f
p
f
D
mf
p
f
f

Allegro con fuoco.
2.
dim.
A
B

VIOLINO PRIMO.

B 1
C
D
E
f
p
f
p
f
p
f
p
f
f
ff

VIOLINO PRIMO.

VIOLINO PRIMO.

TEMA con VARIAZIONI.
Andante.
p
VAR. 1.
sempre staccato
p
4
VAR. 2.
p
VAR. 3.
VAR. 4.
f
3
6
sempre staccato
6
6
3
6
VAR. 5.
Minore.
3
3
3
pp
V
f
p
f
p
ff
6
8

RONDOLETTO.
Vivace.

VIOLINO SECONDO.

VIOLINO SECONDO.

VIOLINO SECONDO.
TEMA con VARIAZIONI.
Andante.
VAR. 1.
VAR. 2.
VAR. 3.
VAR. 4.
VAR. 5.
Minore.

RONDOLETTO.
Vivace.